AF300947

Ziemen und Zeihen
Gedichte

Christoph Sebastian Widdau

Bibliografische Information der Deutschen
Nationalbibliothek: Die Deutsche Nationalbibliothek
verzeichnet diese Publikation in der Deutschen
Nationalbibliografie; detaillierte bibliografische Daten
sind im Internet über dnb.dnb.de abrufbar.

Herstellung und Verlag:
BoD – Books on Demand, Norderstedt

ISBN: 9783756879557

Zudenkend

Inhalt

Geisterstunde

Mein Lieb, Nachtmahr

So hasche mich, nimm' mich, Nachtmahr
Pack' zu mit Hakenhänden
Dass aus mein Traum ist, greife zu
Ihr Bild mir zu entwenden

So krall' dich in mein Fleisch, Nachtmahr
Dem Dunkel Blut zu spenden
Das sonst, im Finstern, in mir kreist
Auch nicht in mir will enden

So enge meine Brust, Nachtmahr
Um meinen Geist zu wenden
Der sonst, im Finstern, mich betrügt
Ans Nichts mein Herz zu senden

So tilge meine Lust, Nachtmahr
Die Sehnsucht zu beenden
Die sonst, im Finstern, mich erfasst
Mich noch im Licht zu blenden

Mein Lieb, Nachtmahr, werd' du mein Lieb
Führ' fort zu Schreckensbränden
Dass sie nicht lockt als Traumgespinst
An eisstarr' finst'ren Wänden

Tagwerk

Der Liderkuss

Des Nachtgemenges Liderkuss
Woll'n Lichtspielstrahlen brechen
Woll'n Spatzenklänge schwächen
Woll'n Kindsgesänge rächen
Den finsternd' Wimpernschluss

Des Tagesanbruchs Wimpernschlag
Woll'n Lakenrisse weihen
Woll'n blutrot' Augen zeihen
Woll'n Traumgelüste freien
Im fieberglühend' Sarg

Der Tag, die Nacht, bloß Einerlei
An Phänomenen zwei
Doch ein' Idee sind sie ja nur
Aus der ich tropfnass, kalt entfuhr
Dass Nachttag Tagnacht sei

Das Schätzen

Nicht schätzbar gleißend' Sonnenlicht
Nicht schätzbar rinnend' Tränen
Ja, schätzbar ist die Trauer nicht
Ist's nicht, wie eine Stimme bricht
Ist nicht das schlagend' Sehnen

Nicht schätzbar Schönheit, dein Gesicht
Doch ist's das Los der Wahl
Gleich, ob es Kopf wird oder Zahl
Sich so und so die Münz' auftischt
Dich, Lieb, rührt beides nicht

Rosenköpfen

Stachelstrauch im Eingangstor
Umrankt das Holz, das lose
Im Lufthauch wankt
Im Winde schwankt
Nun tos' doch endlich! Tose!

Stachelstrauch, des Sinnens Saum
Vergeud' die Blüt', werd' lose!
Einst eingepflanzt
Im Messer tanzt
Das Blut der Schweigerose

Anhöhe

Schritt auf Schritt, zur Anhöhe, flugs!
Kein Wind bläst seine Klagen
Die Stund' hat's schon geschlagen
Um nieder in das Tal zu blicken
Um Silben tief hinabzuschicken
Ins Schnittwerk eines Pflugs

Nimm endlich auf, umschnitt'ner Boden!
Der Sehnsucht Elendsfragen
Die Stund' hat's schon geschlagen
Um von dem Hügel, steil hinab
Das Wort zu enden, das nichts gab
Das nie gereicht zu Oden

Grab wirst du nicht, die Saat ist's nur
Die keimt in Irrlichtstagen
Die Stund' hat's nicht geschlagen
Mein Vers für dich ist unzeitlich
Im Kreislaufspiel, wie ewiglich
Wird er zum Daseinsschwur

Stundenlauern

Schenk' ein, mir ein, zu dieser Stunde
Die Zeiger, pochend, steh'n wie stille
Mit ihnen steht mein sehnend' Wille
In einem zwecklos' Bunde

Schenk' nach, nur zu, die Sonn', sie steht
Noch immer fern vom Gipfel
Kauernd, lauernd, hinter'm Wipfel
Bevor sie, sagt wer, aufwärts weht

Schenk' letztmals ein, final die Runde
Ach, Zeigerwille, Gipfelkauern
Ach, Wipfelstille, Stundenlauern
Des Kruges Zier netzt meine Wunde

Flaschenbrief zu Wasser

Spalte mit meinen Silben bloß
Den Feuchtgigantenfelsen
Den niemand kennt und orten kann
Den niemand nennt, ein Wort ist's dann
Das sinkt im Meeresschoß

Der Karren

Ein Zieh'n, ein Zerr'n, ein Lösen ist's
Um jedes Millimeterstück
Doch dann schnellt heftig er zurück
Der bockend' hölzern Karren

Ein Spannen, Treiben, Wuchten ist's
Im fordernd' Staublaubboden
Und so schnellt heftig er zurück
Sein Holzwerk nicht zu roden

Ein Stöhnen, Seufzen, Klagen ist's
Gefährte zu bewegen
Die sich in Starre legen
Im Fluchtpunkt ohne Flucht

Dein Haar durchbricht Gezweig

Dein Haar durchbricht Gezweig, im Hauch
Des abendkündend' Stromes
Des Holzes Hebung, Brust und Bauch
Der Fingerkuppen Tastluststrauch
Im Hain, der lockt ins Dunkel

Dein Mund bespricht das Laub, im Rausch
Des knisternd' Blättertanzes
Dein Schoß und dieser See im Tausch
Dein Flüstern, dem im Stein ich lausch'
Im Hain, den du begeisterst

Schloss und Schwelle

Schloss und Schwelle
Klamme Zelle
Aus der der Wand'rer steigt
Kieselspur in Mondeshelle
Die matt die Richtung zeigt

Schwelle und Schloss
Urwuchsspross
Von dem der Klett'rer sinkt
Durch Eingangshall' und Dachgeschoss
Der Zellentausch gelingt

Abendsegen

Von allen Tischgesängen

Von allen Tischgesängen
Wird einer nur zur Wahl
Der von den Meeresboten
Zwei waren's an der Zahl

Von allen Wehmutsklängen
Ist's ihre Kunde bloß
Die von der Welt Verlass'nen
Die trieben auf dem Floß

Von allen denkbar' Längen
Ins Blau reicht' nur ihr Blick
Bis sich der Bot' die Augen rieb
Der Zweit' war nur ein Trick

Von allen Tischgesängen
Erklang nur dieser klar
Der von dem Meeresboten
Der treibend einsam war

Kammermusik

Gespannte Folge, Bogenklang
Mit einer Strähne, Streichgesang
Die deinen Blick, gespannt, nicht brach
Im Furor deines Ahnens stach
Dein Melodiengang

Benetzte Fichte, Ausklangsklang
Der Saitenschlag, der nie gelang
Der deinen Blick, gebrochen, spannt
Auf die von ihr verzierte Wand
Mit der dein Ton im Wechsel rang

Dorfweise

Und unser'n kranken Nachbarn auch
Verschon' ihn, endlich, Wirrnis
Mit Strafen, Gaben, Hieb und Schmiss
Lass sacht ihn weh'n im Rauch

Der aufgegang'ne Mond, er fleht
Die Stern' in Schwärze ragen
Mit Leiden, Gram und Klagen
Die Wolk' im Nichts vergeht

Und unser kranker Nachbar auch
Vergeht im kalten Abendhauch
Lass Dämm'rung seine Hülle sein
Zu enden Wehklang und Gewein'

Kein Hall in Stuben

Nicht schreiend einen Namen
Kein Hall in Stuben irrt
Kein Laut in Fluren flirrt
Auch sendend nicht ein Amen
Erwartend kein Erbarmen
Das allezeit entwirrt

Nicht schreibend einen Schrei
Kein Strich, der Zeilen bricht
Kein Wort, das uns entflicht
Auch Stille löst nichts frei
Kein Dank und kein Verzeih
Im dämmernd' schwachen Licht

Durch meine Finger

Durch meine Finger, nass, sacht, warm
Schlieft deine Wäsch', am Schmiegearm
Bleibt sie kurz, sehnend, haften
Der Stoff, den wir einst rafften
Mit angemess'ner Scham

Tastentsinnend, schauernd, sacht
Wird ewig deine Wäsch' entfacht
Die mir der Schrank noch ließ
Die einst ich, lodernd, von dir wies
Als du sie mir gebracht

Unzeit

Der Born

Born im Gartenvorspiel
Kein' Wahrheit dir entsteigt
Der Dornen sind's zuviel
Gewucher aus dir zweigt

Born im Vorspielgarten
Kein Tropfen aus dir quellt
In dir die Spinn' sich scharten
Von Zeitläuften entstellt

Born, gönn' mir keine letzte Ruh'
Im Nachthemd, aufgeknöpft
Für immer strafen sollest du
Der dürstend aus mir schöpft

Ziemen und Zeihen

Ziemt, und seinen Kummer
Ehrt die Kerbe nur
Stummklang spielt der Schlummer
Dem der Traum entfuhr

Zeiht, und seine Seele
Sinkt in tiefsten Grund
Stummklang weiht die Kehle
Fahl ist's um den Mund

Schweigt, und seine Leier
Steht ihm immer still
Stummklang schallt zur Feier
Lässt es, wie es will